MASTERSOWANIE SOSÓW BBQ: SMACZNY PRZEWODNIK PO DOMOWYCH PRZYPRAWACH

Od klasycznych pikantnych przysmaków po egzotyczne globalne napary

Sylwia Ostrowska

Prawo autorskie Materiał©2023

Wszystko Prawa Skryty
NIE część tego _ książka móc modlić się używany Lub przekazywane W każdy formularz Lub miasto każdy oznacza bez the właściwy pisemny zgoda _ _ wydawcy duch Prawo autorskie właściciel, z wyjątkiem Do krótki cytaty używany W A recenzja. To książka powinien notatka modlić się uważany za A zastąpić Do medyczne, prawne lub Inny cena essional _ rada.

SPIS TREŚCI

SPIS TREŚCI 3
WSTĘP 7
SOS BBQ 8
1. Azjatycki sos grillowy 9
2. Sos BBQ słodko-kwaśny 11
3. Baza do grillowanego sosu morelowego 13
4. Jabłkowy sos barbecue 15
5. Sos grzybowy Cajun 17
6. Sos barbecue złocisty grill 19
7. Sos grillowy Teriyaki 21
8. Uniwersalny sos barbecue 23
9. Sos barbecue z masłem jabłkowym 25
10. Sos grillowy do ryb 27
11. Sos barbecue do kurczaka 29
12. Sos barbecue do hot dogów 31
13. Sos grillowy do wieprzowiny 33
14. Sos barbecue do wędlin 35
15. Słodki sos barbecue 37
16. Gęsty i mocny sos barbecue 39
17. Sos barbecue Jalapeno Mayo 41
18. Ogólnoamerykański sos BBQ 43
19. Sos BBQ Jabłkowy 45
20. Sos BBQ Mop 47
21. Sos BBQ z Piwem 49
22. Sos BBQ Bombay Blend 51
23. Sos BBQ Cajun 53
24. Kalifornijski sos BBQ 55
25. Sos BBQ w glazurze żurawinowej 57
26. Sos BBQ Galliano 59
27. Sos BBQ Jack Daniel's 61
28. Jamajski sos BBQ 63
29. Sos BBQ w stylu Kansas City 65

30. Koreański sos BBQ 67
GORĄCY SOS BBQ 69
31. Ostry sos BBQ 70
32. Ostry gruziński sos BBQ 72
33. Ostry, pikantny sos BBQ z Teksasu 74
34. Słodki Sos BBQ Habanero 76
35. Ostry klonowy sos grillowy 78
36. Ostry sos grillowy 80
37. Sos grillowy z wyspy Tabasco 82
38. Salsa habanero z pomidorami i pomarańczą 84
39. Sos habanero z Jukatanu 86
40. Sos mango-habanero 89
41. Salsa habanero brzoskwiniowo-śliwkowa 92
42. Sos Winno-Habanero 95
43. Sos rumowy habanero 97
44. Sos maślano-paprykowy Tabasco 99
45. Wędzony ostry sos Sriracha 101
46. Sos musztardowy wędzony na gorąco 103
Glazura BBQ 105
47. Sos BBQ-glazura 106
48. Glazura z chutneyu ananasowego 108
49. Glazura miodowo-musztardowa 110
50. Pikantna glazura chipotle 112
51. Glazura klonowo-bourbonowa 114
52. Glazura Ananasowa Teriyaki 116
53. Słodko-pikantna glazura BBQ 118
54. Glazura klonowa dymna 120
55. Glazura z brązowego cukru i musztardy 122
56. Azjatycka glazura sezamowa 124
57. Glazura Malinowa Chipotle 126
SOLANKA GRILLOWA 128
58. Sos solankowo-grillowy Achiote 129
59. Solanka Teriyaki 131
60. Zalewka ananasowo-sojowa do żeberek 133
61. Zalewa serowa z czerwonej fasoli 135

62. Solanka mostkowa 137
63. Szarpana solanka 139
64. Solanka z owoców morza z Alaski 141
65. Chile ancho i solanka pomarańczowa 143
66. Solanka Bourbonowa 146
67. Solanka żurawinowa do wieprzowiny 148
68. Solanka z pazurów kraba 150
69. Solanka Fajita 152
70. Koreańska solanka sezamowa 154
71. Solanka cytrynowo-rozmarynowa 156
72. Solanka Margarita 158
SALSA BBQ 160
73. Grillowana salsa brzoskwiniowa 161
74. Salsa brzoskwiniowo-cebulowa 163
75. Salsa chili z grilla 165
76. Salsa chili ancho 167
77. Salsa z pieczonej papryki morelowej 169
78. Salsa z awokado Arbol 171
79. Salsa kolendrowa 173
80. Salsa picante z czystego strumienia 175
81. Salsa włoska 178
82. Salsa Jalapeno 181
CHUTNEJ Z GRILLA 183
83. Owocowy chutney z grilla 184
84. Słodko-kwaśny chutney z papai 186
85. Ostry chutney 188
86. Chutney jabłkowo-śliwkowy 190
87. Chutney z karamboli 192
88. Chutney bananowy kuzyna Ledy 194
89. Chutney żurawinowo-figowy 196
90. Chutney daktylowo-pomarańczowy 198
91. Chutney ze świeżego ananasa 200
92. Chutney jabłkowy Habanero 202
93. Chutney limonkowy 204
94. Chutney limonkowo-jabłkowy 206

95. Chutney nektarynowy 208
96. Chutney cebulowy 210
97. Szybki chutney brzoskwiniowy 212
98. Chutney rabarbarowy 214
99. Chutney z wędzonych jabłek 216
100. Chutney z cukinii 218
WNIOSEK 220

WSTĘP

Witamy w „Opanowanie sosów BBQ: aromatyczny przewodnik po domowych przyprawach". Ta książka kucharska to Twoja brama do tworzenia przepysznych, domowych sosów BBQ, które wyniosą Twoje dania z grilla na nowy poziom. Niezależnie od tego, czy jesteś doświadczonym pitmasterem, czy zapalonym kucharzem domowym, ten zbiór przepisów pomoże Ci opanować sztukę przygotowywania pysznych i niepowtarzalnych sosów BBQ.

W tej książce kucharskiej odkryjemy szeroką gamę smaków, od ponadczasowych, pikantnych klasyków po egzotyczne i inspirowane całym światem kreacje. Poznasz sekrety idealnej równowagi słodkich, wędzonych, pikantnych i pikantnych elementów, które sprawiają, że każdy sos BBQ jest prawdziwą kulinarną rozkoszą. Dzięki łatwym do wykonania instrukcjom i dostępnym składnikom będziesz w stanie stworzyć własne autorskie sosy, które zaimponują Twojej rodzinie i przyjaciołom.

Chwyć więc fartuch, zbierz składniki i przygotuj się na pełną smaku przygodę, zanurzając się w świat sosów BBQ. Od przydomowego grillowania po specjalne okazje, te sosy przeniosą Twoje potrawy na wyższy poziom i sprawią, że każdy będzie chciał więcej.

SOS GRILOWY

1. Azjatycki sos barbecue

SKŁADNIKI:

- 2 łyżki brązowego cukru
- 2 łyżki czerwonego octu winnego
- 1 szklanka ketchupu
- ½ do 1 łyżeczki ostrej musztardy chińskiej
- 1 duży ząbek czosnku, posiekany
- 1 łyżka sosu sojowego
- 1 Dwie 3 łyżeczki azjatyckiej pasty chili z czosnkiem

INSTRUKCJE:

W małym rondlu wymieszaj wszystkie składniki oprócz pasty chili, zagotuj, wyłącz ogień i dodaj pastę chili.

Sposób użycia: Posmaruj kurczaka, wołowinę lub wieprzowinę podczas grillowania.

2. B BQ S Sos słodko-kwaśny

SKŁADNIKI:
- ¼ szklanki kremowego sherry
- 3 łyżki miodu
- ⅓ szklanki sosu sojowego
- ½ łyżeczki świeżego korzenia imbiru, startego
- 2 Czosnek; sprasowany
- 3 łyżki octu

INSTRUKCJE:
Miód wymieszać z sherry na gładką masę, dodać sos sojowy, wcisnąć czosnek i dodać do mieszanki, zetrzeć korzeń imbiru i wymieszać.

3.Baza do grillowanego sosu morelowego

SKŁADNIKI:

- 16 uncji połówek moreli
- ½ szklanki pokrojonej w kostkę cebuli
- 2 ząbki czosnku; pokrojone w drobną kostkę
- ½ łyżki oleju roślinnego
- ½ łyżeczki soli
- ¼ łyżeczki pieprzu

INSTRUKCJE:

Aby przygotować bazę do sosu do grillowania, zmiksuj połówki moreli z płynem w mikserze lub robocie kuchennym; zachowaj,

Cebulę i czosnek podsmaż na oliwie, aż będą przezroczyste,

Wymieszać z zarezerwowanym puree z moreli.

4. Jabłkowy sos barbecue

SKŁADNIKI:
- 1 szklanka Catsupu
- ¼ szklanki soku jabłkowego/cydr
- ¼ szklanki octu jabłkowego
- ¼ szklanki sosu sojowego
- ¾ łyżeczki czosnku w proszku
- ¾ łyżeczki pieprzu białego
- ⅓ szklanki Tartego, obranego jabłka
- ¼ szklanki startej cebuli
- 2 łyżeczki Tartego zielonego pieprzu

INSTRUKCJE:
Wymieszaj wszystkie składniki.

5.Sos grzybowy Cajun

SKŁADNIKI:

- 3 łyżki masła
- 1 ½ szklanki grzybów; cienkie segmenty
- 2 łyżki mąki
- ½ szklanki śmietanki
- ½ szklanki bulionu z kurczaka
- ¼ łyżeczki czosnku w proszku
- ¼ łyżeczki pieprzu białego
- ½ szklanki sosu Picante
- 2 łyżki czernionej przyprawy do ryb

INSTRUKCJE:

Na patelni roztapiamy masło i podsmażamy grzyby, odstawiamy . W umiarkowanym rondlu rozpuść dwie łyżki masła i mieszaj mąkę, aż się rozpuści

Dodać bulion z kurczaka, śmietanę, czosnek i pieprz, ciągle mieszając smażyć aż sos zgęstnieje.Nie gotować.

Gdy zgęstnieje, zmniejsz ogień, przykryj pokrywką i gotuj jeszcze 2 minuty

Dodać sos picante, przyprawę czerniącą i podsmażone grzyby, podgrzać . Utrzymuj ciepło, aż będzie gotowe do podania

Podawać do grillowanej lub grillowanej ryby

6.Złocisty sos barbecue

SKŁADNIKI:

- ¼ szklanki) cukru
- 2 łyżki skrobi kukurydzianej
- ½ łyżeczki ziela angielskiego
- ½ łyżeczki mielonych goździków
- 1 szklanka świeżego soku pomarańczowego
- 2 łyżki octu
- 4 łyżki masła

INSTRUKCJE:

W małym rondlu wymieszaj cukier, skrobię kukurydzianą, ziele angielskie i goździki.

Powoli dodawaj sok pomarańczowy i ocet. Ciągle mieszaj na umiarkowanym ogniu, aż sos zgęstnieje. Gotuj przez trzy minuty. Dodaj masło.

7.Sos grillowy Teriyaki

SKŁADNIKI:

- ⅔ szklanki sosu sojowego
- 1 łyżeczka czosnku, posiekanego
- 2 łyżki suchej, mielonej musztardy
- 2 łyżeczki mielonego imbiru
- 2 łyżki cebuli, posiekanej
- 4 łyżki melasy
- ⅓ szklanki oliwy z oliwek

INSTRUKCJE:

W małym naczyniu umieść soję, wymieszaj z mieloną musztardą, imbirem, czosnkiem i cebulą.

Dodajemy melasę, dokładnie mieszamy, na koniec dodajemy oliwę, dokładnie mieszamy i od razu jedną jej część układamy na dnie garnka do marynowania, dodajemy mięso. Przykryć pokrywką, zalać pozostałą solanką.

8. Uniwersalny sos barbecue

SKŁADNIKI:

- ¼ szklanki oleju sałatkowego
- 2 łyżki sosu sojowego
- ¼ szklanki Bourbona, Sherry lub Wina
- 1 łyżeczka czosnku w proszku
- Świeżo zmielony pieprz

INSTRUKCJE:

Wymieszaj wszystkie składniki i polej mięso. Marynuj w lodówce. Używaj także do posmarowania mięsa podczas gotowania. Dobre do czerwonego mięsa, ryb i kurczaków.

9. Sos barbecue z masłem jabłkowym

SKŁADNIKI:
- 1 puszka sosu pomidorowego
- ½ szklanki masła jabłkowego
- 1 łyżka sosu Worcestershire

INSTRUKCJE:
Wymieszaj wszystko.

0.Sos barbecue do ryb

SKŁADNIKI:

- 1 Gruby kawałek cytryny
- 1 cebula; podzielona na segmenty
- ¼ szklanki białego octu
- 1 ½ łyżeczki soli
- 1 łyżka gotowej musztardy
- ¼ łyżeczki pieprzu
- 2 łyżki cukru
- ¼ łyżeczki pieprzu cayenne (czerwonego).
- 2 łyżki masła
- ½ szklanki Catsupu
- 2 łyżki sosu Worcestershire
- 1 łyżeczka Płynny dym

INSTRUKCJE:

Wymieszaj pierwsze 9 składników , gotuj na wolnym ogniu przez 20 minut, następnie dodaj pozostałe składniki. Wyjmij kawałek cytryny, polej rybę i grilluj.

1. Sos barbecue do kurczaka

SKŁADNIKI:

- 1 szklanka wody
- ½ szklanki oleju, sałatka
- ½ szklanki soku z cytryny
- 1 łyżeczka ostrego sosu
- 1 łyżeczka soli
- Pieprz; dwa klucze
- Sól cebulowa; opcjonalnie
- Sól czosnkowa; opcjonalnie
- 1 łyżka sosu Worcestershire

INSTRUKCJE:

Wymieszaj wszystkie składniki, gotuj na średnim ogniu, aż sos się zagotuje. Trzymaj sos w cieple, od czasu do czasu posmaruj kurczaka podczas grillowania.

2.Sos barbecue do hot-dogów

SKŁADNIKI:

- 7¾ uncji Junior Peach Cobbler; 1 słoik
- ⅓ szklanki Catsupu
- ⅓ szklanki octu
- ⅓ szklanki brązowego cukru; pakowane
- 1 ząbek czosnku, posiekany
- 1 łyżka sosu Worcestershire
- ½ łyżeczki imbiru; mielony
- ¼ łyżeczki Mace; mielonej
- 1 łyżeczka soli cebulowej

INSTRUKCJE:

a) Dokładnie wymieszaj wszystkie składniki. Hot dogi wydrążaj po przekątnej z trzech stron. Podczas gotowania posmaruj sosem z grilla około trzy razy

b) Można tego również użyć do wieprzowiny lub kurczaka lub podgrzanego sosu w naczyniu do odparzania z podzielonymi na segmenty hot dogami.

3. Sos barbecue do wieprzowiny

SKŁADNIKI:
- $\frac{1}{2}$ szklanki sosu sojowego
- $\frac{1}{2}$ szklanki syropu klonowego
- $\frac{1}{4}$ szklanki musztardy Colemana

INSTRUKCJE:
a) Wymieszaj wszystko.

4. Sos barbecue do wędlin

SKŁADNIKI:

- 1 każda puszka zupy pomidorowej o pojemności 10 uncji
- ¼ szklanki słodkiego przysmaku z marynat
- 1 łyżka sosu Worcestershire
- ¼ szklanki cebuli, drobno pokrojonej
- 1 łyżka octu
- 1 łyżka brązowego cukru

INSTRUKCJE:

Wymieszaj wszystkie składniki, zalej 1 funtem wędlin i gotuj na wolnym ogniu w czajniku. Zamiast wędlin możesz użyć 1 funta pokrojonych na kawałki hot dogów

5.Słodki sos barbecue

SKŁADNIKI:

- ⅔ szklanki syropu kukurydzianego (ciemnego)
- ¼ szklanki kremowego masła orzechowego
- ¼ szklanki sosu sojowego
- ¼ szklanki octu jabłkowego
- ¼ szklanki segmentowanej zielonej cebuli
- 1 szt. Czosnek, ząbek
- 1 łyżeczka imbiru
- ½ łyżeczki zmielonej, suszonej czerwonej papryki

INSTRUKCJE:

Dokładnie wymieszaj i pozostaw smaki na co najmniej godzinę.

6.Gesty i mocny sos barbecue

SKŁADNIKI:

- ¾ szklanki octu jabłkowego
- ½ szklanki Catsupu
- ¼ szklanki sosu chili
- ¼ szklanki sosu Worcestershire
- 2 łyżki cebuli; pokrojonej w kostkę
- 1 łyżka brązowego cukru
- 1 łyżka soku z cytryny
- ½ łyżeczki suchej musztardy
- 1 kropla mielonego czerwonego pieprzu
- 1 ząbek czosnku, posiekany

INSTRUKCJE:

Wymieszaj wszystkie składniki w rondlu, zagotuj na umiarkowanym ogniu, od czasu do czasu mieszając. Zmniejsz ogień i gotuj na wolnym ogniu, pod pokrywką, od czasu do czasu mieszając, 40 minut.

Rozdziel sos do oddzielnych pojemników do polewania i porcjuj na stół. Użyj jako sosu do polewania podczas ostatnich 10 minut gotowania steków, wieprzowiny lub burgerów. Resztki sosu stołowego przechowuj w lodówce i wyrzuć pozostały sos do polewania.

7.Sos grillowy Jalapeno Mayo

SKŁADNIKI:

- 8 szklanek majonezu
- 1 szklanka jalapeno
- 1 szklanka zielonej cebuli
- 1 łyżka nasion selera
- 1 łyżeczka suchej musztardy
- $\frac{1}{8}$ łyżka pieprzu cayenne

INSTRUKCJE:

Zmiksuj papryczki jalapeno i cebulę w mikserze lub robocie kuchennym. Umieść mieszaninę w naczyniu miksera. Dodaj pozostałe składniki i miksuj na małych obrotach przez 5 minut.

8. Ogólnoamerykański sos BBQ

SKŁADNIKI:

- 2 szklanki ketchupu
- 1/2 szklanki brązowego cukru
- 1/4 szklanki octu jabłkowego
- 2 łyżki sosu Worcestershire
- 2 łyżki melasy
- 1 łyżka musztardy Dijon
- 1 łyżeczka czosnku w proszku
- 1 łyżeczka proszku cebulowego
- 1/2 łyżeczki wędzonej papryki
- 1/2 łyżeczki czarnego pieprzu
- 1/4 łyżeczki pieprzu cayenne (opcjonalnie na ciepło)

INSTRUKCJE:

W średnim rondlu połącz wszystkie składniki.
Całość mieszaj na średnim ogniu, aż sos się zagotuje.
Zmniejsz ogień do małego i gotuj sos przez około 15-20 minut, od czasu do czasu mieszając.
Zdjąć z ognia i ostudzić. Sos zgęstnieje po ostygnięciu.
Użyj sosu jako marynaty lub posmaruj nim grillowane mięsa podczas gotowania.

9. Sos BBQ Jabłkowy

SKŁADNIKI:

- 2 szklanki musu jabłkowego
- 1/2 szklanki ketchupu
- 1/4 szklanki octu jabłkowego
- 2 łyżki brązowego cukru
- 2 łyżki miodu
- 2 łyżki musztardy Dijon
- 1 łyżka sosu Worcestershire
- 1 łyżeczka wędzonej papryki
- 1/2 łyżeczki czosnku w proszku
- 1/2 łyżeczki cebuli w proszku
- 1/2 łyżeczki cynamonu
- 1/4 łyżeczki pieprzu cayenne (opcjonalnie na ciepło)

INSTRUKCJE:

a) W rondelku łączymy wszystkie składniki i mieszamy, aż składniki dobrze się połączą.

b) Postaw rondelek na średnim ogniu i doprowadź mieszaninę do wrzenia.

c) Zmniejsz ogień do małego i gotuj sos przez około 15 minut, od czasu do czasu mieszając.

d) Zdjąć z ognia i pozostawić do ostygnięcia przed użyciem.

e) Sos świetnie komponuje się z wieprzowiną i kurczakiem.

10.Sos BBQ do mopa

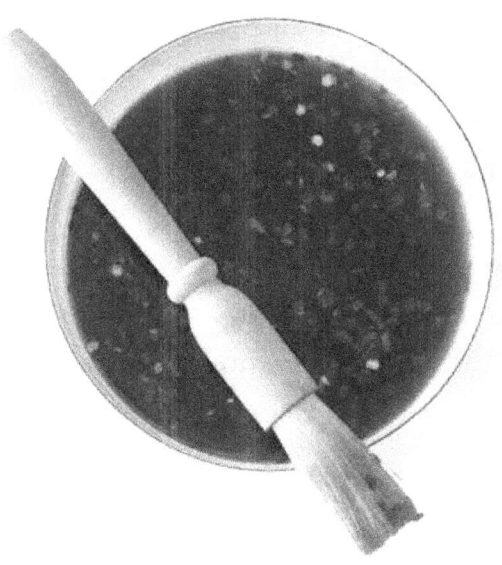

SKŁADNIKI:

1 szklanka octu jabłkowego
1 szklanka wody
1/2 szklanki oleju roślinnego
1/4 szklanki sosu Worcestershire
2 łyżki brązowego cukru
1 łyżka papryki
1 łyżka soli
1 łyżka czarnego pieprzu
1 łyżeczka czosnku w proszku
1 łyżeczka proszku cebulowego

INSTRUKCJE:

W misce łączymy wszystkie składniki i mieszamy, aż dobrze się połączą.

Użyj szczotki do mopa lub szczotki do polewania, aby nałożyć sos na mięso podczas grillowania lub wędzenia.

Kontynuuj wycieranie sosem mięsa co około 30 minut podczas procesu gotowania, aby zachować wilgotność i dodać smaku.

1. Sos BBQ Z Piwem

SKŁADNIKI:

1 szklanka ketchupu
1/2 szklanki piwa (wybierz swój ulubiony rodzaj)
1/4 szklanki octu jabłkowego
2 łyżki brązowego cukru
2 łyżki melasy
2 łyżki musztardy Dijon
1 łyżka sosu Worcestershire
1 łyżeczka wędzonej papryki
1/2 łyżeczki czosnku w proszku
1/2 łyżeczki cebuli w proszku
1/2 łyżeczki czarnego pieprzu
1/4 łyżeczki pieprzu cayenne (opcjonalnie na ciepło)

INSTRUKCJE:

W rondelku połącz wszystkie składniki i wymieszaj, aż dobrze się wymieszają.
Postaw rondelek na średnim ogniu i doprowadź mieszaninę do wrzenia.
Zmniejsz ogień do małego i gotuj sos przez około 15 minut, od czasu do czasu mieszając.
Zdjąć z ognia i pozostawić do ostygnięcia przed użyciem.
Piwo dodaje głębi i bogactwa smaku sosu.

2. Bombajski sos BBQ

SKŁADNIKI:

1 szklanka ketchupu
1/4 szklanki brązowego cukru
1/4 szklanki octu jabłkowego
2 łyżki sosu Worcestershire
1 łyżka sosu sojowego
1 łyżka curry w proszku
1 łyżka garam masali
1 łyżeczka mielonego kminku
1 łyżeczka mielonej kolendry
1/2 łyżeczki czosnku w proszku
1/2 łyżeczki cebuli w proszku
1/4 łyżeczki pieprzu cayenne (opcjonalnie na ciepło)

INSTRUKCJE:

W rondelku łączymy wszystkie składniki i mieszamy, aż składniki dobrze się połączą.

Postaw rondelek na średnim ogniu i doprowadź mieszaninę do wrzenia.

Zmniejsz ogień do małego i gotuj sos przez około 15 minut, od czasu do czasu mieszając.

Zdjąć z ognia i pozostawić do ostygnięcia przed użyciem.

Sos ten dodaje niepowtarzalnego, inspirowanego kuchnią indyjską charakteru Twoim potrawom z grilla.

3. Sos BBQ Cajun

SKŁADNIKI:

1 szklanka ketchupu
1/4 szklanki octu jabłkowego
2 łyżki sosu Worcestershire
2 łyżki brązowego cukru
1 łyżka musztardy Dijon
1 łyżka przyprawy Cajun
1 łyżeczka czosnku w proszku
1 łyżeczka proszku cebulowego
1/2 łyżeczki czarnego pieprzu
1/4 łyżeczki pieprzu cayenne (dostosuj do smaku pod względem ciepła)

INSTRUKCJE:

W rondelku połącz wszystkie składniki i wymieszaj, aż dobrze się wymieszają.
Postaw rondelek na średnim ogniu i doprowadź mieszaninę do wrzenia.
Zmniejsz ogień do małego i gotuj sos przez około 15 minut, od czasu do czasu mieszając.
Zdjąć z ognia i pozostawić do ostygnięcia przed użyciem.
Ten pikantny i aromatyczny sos idealnie nadaje się do grillowanych i wędzonych mięs.

4.Kalifornijski sos BBQ

SKŁADNIKI:

1 szklanka ketchupu
1/4 szklanki octu jabłkowego
2 łyżki brązowego cukru
2 łyżki miodu
2 łyżki musztardy Dijon
1 łyżka sosu Worcestershire
1 łyżeczka czosnku w proszku
1 łyżeczka proszku cebulowego
1/2 łyżeczki wędzonej papryki
1/2 łyżeczki czarnego pieprzu
1/4 łyżeczki pieprzu cayenne (opcjonalnie na ciepło)

INSTRUKCJE:

W rondelku łączymy wszystkie składniki i mieszamy, aż składniki dobrze się połączą.

Postaw rondelek na średnim ogniu i doprowadź mieszaninę do wrzenia.

Zmniejsz ogień do małego i gotuj sos przez około 15 minut, od czasu do czasu mieszając.

Zdjąć z ognia i pozostawić do ostygnięcia przed użyciem.

Sos ten oferuje równowagę słodkich i pikantnych smaków, idealny do grillowania w kalifornijskim stylu.

5. Sos BBQ w glazurze żurawinowej

SKŁADNIKI:

1 szklanka sosu żurawinowego (całe jagody lub galaretka)
1/2 szklanki ketchupu
1/4 szklanki octu jabłkowego
2 łyżki brązowego cukru
2 łyżki miodu
2 łyżki musztardy Dijon
1 łyżka sosu Worcestershire
1 łyżeczka czosnku w proszku
1/2 łyżeczki cebuli w proszku
1/2 łyżeczki czarnego pieprzu
1/4 łyżeczki pieprzu cayenne (opcjonalnie na ciepło)

INSTRUKCJE:

W rondelku połącz wszystkie składniki i wymieszaj, aż dobrze się wymieszają.
Postaw rondelek na średnim ogniu i doprowadź mieszaninę do wrzenia.
Zmniejsz ogień do małego i gotuj sos przez około 10 minut, od czasu do czasu mieszając.
Zdjąć z ognia i pozostawić do ostygnięcia przed użyciem.
Ten pikantny i lekko słodki sos dobrze komponuje się z drobiem, zwłaszcza indykiem i kurczakiem.

6. Sos BBQ Galliano

SKŁADNIKI:

1 szklanka ketchupu
1/4 szklanki likieru Galliano
2 łyżki octu jabłkowego
2 łyżki brązowego cukru
1 łyżka sosu Worcestershire
1 łyżka musztardy Dijon
1 łyżeczka czosnku w proszku
1 łyżeczka proszku cebulowego
1/2 łyżeczki czarnego pieprzu
1/4 łyżeczki pieprzu cayenne (opcjonalnie na ciepło)

INSTRUKCJE:

W rondelku łączymy wszystkie składniki i mieszamy, aż składniki dobrze się połączą.
Postaw rondelek na średnim ogniu i doprowadź mieszaninę do wrzenia.
Zmniejsz ogień do małego i gotuj sos przez około 15 minut, od czasu do czasu mieszając.
Zdjąć z ognia i pozostawić do ostygnięcia przed użyciem.
Likier Galliano dodaje sosowi BBQ niepowtarzalny ziołowo-anyżowy smak.

7. Sos BBQ Jack Daniel's

SKŁADNIKI:

1 szklanka ketchupu
1/2 szklanki whisky Jack Daniel's
1/4 szklanki octu jabłkowego
2 łyżki brązowego cukru
2 łyżki melasy
2 łyżki musztardy Dijon
1 łyżka sosu Worcestershire
1 łyżeczka czosnku w proszku
1 łyżeczka proszku cebulowego
1/2 łyżeczki czarnego pieprzu
1/4 łyżeczki pieprzu cayenne (opcjonalnie na ciepło)

INSTRUKCJE:

W rondelku połącz wszystkie składniki i wymieszaj, aż dobrze się wymieszają.
Postaw rondelek na średnim ogniu i doprowadź mieszaninę do wrzenia.
Zmniejsz ogień do małego i gotuj sos przez około 15 minut, od czasu do czasu mieszając.
Zdjąć z ognia i pozostawić do ostygnięcia przed użyciem.
Whisky Jack Daniel's nadaje sosowi BBQ bogaty i dymny smak.

8. Jamajski sos BBQ

SKŁADNIKI:

1 szklanka ketchupu
1/4 szklanki soku ananasowego
2 łyżki brązowego cukru
2 łyżki sosu sojowego
2 łyżki soku z limonki
1 łyżka sosu Worcestershire
1 łyżeczka przyprawy jamajskiej do dżemu
1 łyżeczka czosnku w proszku
1 łyżeczka proszku cebulowego
1/2 łyżeczki czarnego pieprzu
1/4 łyżeczki pieprzu cayenne (dostosuj do smaku pod względem ciepła)

INSTRUKCJE:

W rondelku łączymy wszystkie składniki i mieszamy, aż składniki dobrze się połączą.
Postaw rondelek na średnim ogniu i doprowadź mieszaninę do wrzenia.
Zmniejsz ogień do małego i gotuj sos przez około 15 minut, od czasu do czasu mieszając.
Zdjąć z ognia i pozostawić do ostygnięcia przed użyciem.
Sos ten łączy w sobie słodkie, pikantne i pikantne smaki z jamajską przyprawą do szarpania, nadając mu karaibski akcent.

9. Sos BBQ w stylu Kansas City

SKŁADNIKI:

2 szklanki ketchupu
1/2 szklanki octu jabłkowego
1/4 szklanki brązowego cukru
2 łyżki melasy
2 łyżki sosu Worcestershire
1 łyżka musztardy Dijon
1 łyżka chili w proszku
1 łyżeczka czosnku w proszku
1 łyżeczka proszku cebulowego
1/2 łyżeczki czarnego pieprzu
1/4 łyżeczki pieprzu cayenne (opcjonalnie na ciepło)

INSTRUKCJE:

W rondelku połącz wszystkie składniki i wymieszaj, aż dobrze się wymieszają.
Postaw rondelek na średnim ogniu i doprowadź mieszaninę do wrzenia.
Zmniejsz ogień do małego i gotuj sos przez około 20 minut, od czasu do czasu mieszając.
Zdjąć z ognia i pozostawić do ostygnięcia przed użyciem.
Ten sos to klasyczny sos BBQ w stylu Kansas City, z równowagą słodkich, pikantnych i wędzonych smaków.

0.Koreański sos BBQ

SKŁADNIKI:

1/2 szklanki sosu sojowego
1/4 szklanki brązowego cukru
1/4 szklanki octu ryżowego
2 łyżki oleju sezamowego
2 łyżki koreańskiej pasty chili (gochujang)
2 łyżki miodu
1 łyżka startego imbiru
2 ząbki czosnku, posiekane
1/2 łyżeczki czarnego pieprzu
1/4 łyżeczki płatków czerwonej papryki (opcjonalnie na ciepło)

INSTRUKCJE:

W misce łączymy wszystkie składniki i mieszamy, aż składniki dobrze się połączą.
Sos odstawiamy na co najmniej 15 minut, aby smaki się połączyły.
Sos ten doskonale nadaje się do marynowania mięs, grillowania lub jako sos do koreańskiego BBQ.
Ciesz się różnorodnością sosów BBQ i ciesz się pysznym grillem!

GORĄCY SOS BBQ

31. Gorący sos BBQ

SKŁADNIKI:

1 szklanka ketchupu
1/4 szklanki brązowego cukru
2 łyżki ulubionego ostrego sosu
2 łyżki octu jabłkowego
1 łyżka sosu Worcestershire
1 łyżeczka wędzonej papryki
1/2 łyżeczki czosnku w proszku
1/2 łyżeczki cebuli w proszku
1/4 łyżeczki pieprzu cayenne (opcjonalnie dla dodatkowego podgrzania)

INSTRUKCJE:

W rondelku połącz wszystkie składniki i wymieszaj, aż dobrze się połączą.
Podgrzej sos na średnim ogniu, mieszając od czasu do czasu, aż zacznie wrzeć.
Zmniejsz ogień do minimum i gotuj sos przez około 10 minut, aby smaki się połączyły.
Zdejmij z ognia i pozwól sosowi ostygnąć.
Sos przełożyć do słoika lub szczelnego pojemnika i przechowywać w lodówce.

32. Gorący gruziński sos BBQ

SKŁADNIKI:

1 szklanka ketchupu
1/4 szklanki octu jabłkowego
2 łyżki melasy
2 łyżki ulubionego ostrego sosu
1 łyżka musztardy Dijon
1 łyżka sosu Worcestershire
1 łyżeczka wędzonej papryki
1/2 łyżeczki czosnku w proszku
1/2 łyżeczki cebuli w proszku
1/4 łyżeczki pieprzu cayenne (opcjonalnie dla dodatkowego podgrzania)

INSTRUKCJE:

W rondelku połącz wszystkie składniki i wymieszaj, aż dobrze się połączą.
Podgrzej sos na średnim ogniu, mieszając od czasu do czasu, aż zacznie wrzeć.
Zmniejsz ogień do minimum i gotuj sos przez około 10 minut, aby smaki się połączyły.
Zdejmij z ognia i pozwól sosowi ostygnąć.
Sos przełożyć do słoika lub szczelnego pojemnika i przechowywać w lodówce.

33. Ostry, pikantny sos BBQ z Teksasu

SKŁADNIKI:

1 szklanka ketchupu
1/4 szklanki octu jabłkowego
2 łyżki ulubionego ostrego sosu
2 łyżki sosu Worcestershire
1 łyżka melasy
1 łyżka brązowego cukru
1 łyżeczka wędzonej papryki
1/2 łyżeczki czosnku w proszku
1/2 łyżeczki cebuli w proszku
1/4 łyżeczki pieprzu cayenne (opcjonalnie dla dodatkowego podgrzania)

INSTRUKCJE:

W rondelku połącz wszystkie składniki i wymieszaj, aż dobrze się połączą.
Podgrzej sos na średnim ogniu, mieszając od czasu do czasu, aż zacznie wrzeć.
Zmniejsz ogień do minimum i gotuj sos przez około 10 minut, aby smaki się połączyły.
Zdejmij z ognia i pozwól sosowi ostygnąć.
Sos przełożyć do słoika lub szczelnego pojemnika i przechowywać w lodówce.

34. Słodki sos BBQ Habanero

SKŁADNIKI:
8 papryczek habanero (usunięte nasiona i łodygi)
4 ząbki czosnku
1 szklanka ketchupu
1/4 szklanki melasy
2 łyżki białego octu
2 łyżki brązowego cukru
1 łyżka sosu Worcestershire
1 łyżeczka wędzonej papryki
1/2 łyżeczki soli

INSTRUKCJE:
W blenderze lub robocie kuchennym wymieszaj papryczki habanero, czosnek, keczup, melasę, ocet, brązowy cukier, sos Worcestershire, wędzoną paprykę i sól. Mieszaj, aż będzie gładka.
Wlać mieszaninę do rondla i doprowadzić do wrzenia na średnim ogniu.
Zmniejsz ogień do małego i gotuj sos przez około 10-15 minut, od czasu do czasu mieszając.
Zdejmij z ognia i poczekaj, aż sos całkowicie ostygnie.
Przelej go do słoika lub butelki i przechowuj w lodówce.

35. Gorący klonowy sos barbecue

SKŁADNIKI:

1 szklanka ketchupu
1/4 szklanki syropu klonowego
2 łyżki ulubionego ostrego sosu
2 łyżki octu jabłkowego
1 łyżka musztardy Dijon
1 łyżka sosu Worcestershire
1 łyżeczka wędzonej papryki
1/2 łyżeczki czosnku w proszku
1/2 łyżeczki cebuli w proszku
1/4 łyżeczki pieprzu cayenne (opcjonalnie dla dodatkowego podgrzania)

INSTRUKCJE:

W rondelku połącz wszystkie składniki i wymieszaj, aż dobrze się połączą.
Podgrzej sos na średnim ogniu, mieszając od czasu do czasu, aż zacznie wrzeć.
Zmniejsz ogień do minimum i gotuj sos przez około 10 minut, aby smaki się połączyły.
Zdejmij z ognia i pozwól sosowi ostygnąć.
Sos przełożyć do słoika lub szczelnego pojemnika i przechowywać w lodówce.

36. Czerwony gorący sos barbecue

SKŁADNIKI:

1 szklanka ketchupu
1/4 szklanki octu jabłkowego
2 łyżki ulubionego ostrego sosu
2 łyżki sosu Worcestershire
2 łyżki brązowego cukru
1 łyżka musztardy Dijon
1 łyżeczka wędzonej papryki
1/2 łyżeczki czosnku w proszku
1/2 łyżeczki cebuli w proszku
1/4 łyżeczki pieprzu cayenne (opcjonalnie dla dodatkowego podgrzania)

INSTRUKCJE:

W rondelku połącz wszystkie składniki i wymieszaj, aż dobrze się połączą.
Podgrzej sos na średnim ogniu, mieszając od czasu do czasu, aż zacznie wrzeć.
Zmniejsz ogień do minimum i gotuj sos przez około 10 minut, aby smaki się połączyły.
Zdejmij z ognia i pozwól sosowi ostygnąć.
Sos przełożyć do słoika lub szczelnego pojemnika i przechowywać w lodówce.

37. Sos BBQ z wyspy Tabasco

SKŁADNIKI:
1 szklanka ketchupu
1/4 szklanki octu jabłkowego
2 łyżki sosu Tabasco
2 łyżki miodu
1 łyżka sosu sojowego
1 łyżka musztardy Dijon
1 łyżeczka czosnku w proszku
1/2 łyżeczki cebuli w proszku
1/4 łyżeczki czarnego pieprzu

INSTRUKCJE:
W rondelku połącz wszystkie składniki i wymieszaj, aż dobrze się połączą.
Podgrzej sos na średnim ogniu, mieszając od czasu do czasu, aż zacznie wrzeć.
Zmniejsz ogień do minimum i gotuj sos przez około 10 minut, aby smaki się połączyły.
Zdejmij z ognia i pozwól sosowi ostygnąć.
Sos przełożyć do słoika lub szczelnego pojemnika i przechowywać w lodówce.

38. Salsa habanero, pomidorów i pomarańczy

SKŁADNIKI:

4 pomidory, obrane i opłukane
2 papryczki habanero, usunięte łodygi i nasiona
1 mała czerwona cebula, pokrojona w kostkę
1 ząbek czosnku, posiekany
Sok z 1 pomarańczy
Sok z 1 limonki
1 łyżka oliwy z oliwek
1 łyżka posiekanej świeżej kolendry
Sól dwa klucze

INSTRUKCJE:

Rozgrzej brojler do wysokiego poziomu. Pomidory ułóż na blasze do pieczenia i piecz przez 5-7 minut, aż lekko się zwęgli i zmiękną.
Wyjmij pomidory z piekarnika i pozwól im lekko ostygnąć. W blenderze lub robocie kuchennym połącz pieczone pomidory, papryczki habanero, czerwoną cebulę, czosnek, sok pomarańczowy, sok z limonki, oliwę z oliwek i kolendrę. Mieszaj, aż uzyskasz gładką konsystencję. Jeśli wolisz bardziej chrupiącą salsę, wymieszaj składniki pulsacyjnie, zamiast ciągle je mieszać.
Spróbuj salsy i dopraw solą według własnych upodobań. Dostosuj ilość papryczek habanero w zależności od pożądanego poziomu pikanterii.
Przełóż salsę do miski i pozostaw ją w temperaturze pokojowej na około 30 minut, aby smaki się połączyły.
Podawaj habanero, salsę pomidorową i pomarańczową z chipsami tortilla, tacos, grillowanymi mięsami lub dowolnym innym daniem.

39. Sos habanero z Jukatanu

SKŁADNIKI:

6 papryczek habanero, usunięto łodygi i nasiona
2 ząbki czosnku
1/2 małej czerwonej cebuli, posiekanej
Sok z 2 pomarańczy
Sok z 1 limonki
2 łyżki białego octu
1 łyżka oliwy z oliwek
1 łyżeczka suszonego oregano
Sól dwa klucze

INSTRUKCJE:

W blenderze lub robocie kuchennym zmieszaj papryczki habanero, czosnek, czerwoną cebulę, sok pomarańczowy, sok z limonki, biały ocet, oliwę z oliwek, suszone oregano i szczyptę soli.

Mieszaj, aż uzyskasz gładką konsystencję. Jeśli mieszanina jest zbyt gęsta, można dodać odrobinę wody, aby uzyskać pożądaną konsystencję.

Spróbuj sosu i dopraw go, jeśli to konieczne, dodając więcej soli.

Sos habanero z Jukatanu przełożyć do słoika lub butelki z szczelnie zamykaną pokrywką.

Sos pozostawiamy w temperaturze pokojowej na co najmniej 1 godzinę, aby smaki mogły się rozwinąć i połączyć.

Po odpoczynku włóż sos do lodówki na kilka godzin lub na noc, aby jeszcze bardziej wzmocnić smak.

Podawaj sos habanero z Jukatanu jako pikantną przyprawę do grillowanych mięs, tacos, quesadillas lub innych dań, którym przyda się pikantny kopniak.

Pamiętaj, że papryczki habanero są niezwykle ostre, dlatego należy obchodzić się z nimi ostrożnie i pamiętać o założeniu rękawiczek podczas ich przygotowywania.
Zacznij od małej ilości pieprzu habanero i dostosuj ilość w zależności od tolerancji przypraw. Rozkoszuj się ognistym smakiem sosu habanero z Jukatanu!

0. Sos mango-habanero

SKŁADNIKI:

2 dojrzałe mango, obrane i pokrojone w kostkę
2 papryczki habanero, usunięte łodygi i nasiona
1/4 szklanki białego octu
2 łyżki soku z limonki
2 łyżki miodu lub cukru
1 ząbek czosnku, posiekany
1/2 łyżeczki soli

INSTRUKCJE:

W blenderze lub robocie kuchennym wymieszaj pokrojone w kostkę mango, papryczki habanero, biały ocet, sok z limonki, miód lub cukier, zmielony czosnek i sól.
Mieszaj, aż uzyskasz gładką i jednolitą konsystencję. Jeśli chcesz, możesz pozostawić sos lekko gruby, aby dodać mu tekstury.
Skosztuj sosu i dostosuj słodkość oraz poziom ostrości, dodając więcej miodu lub cukru dla osłody lub dodatkową paprykę habanero, aby uzyskać więcej ciepła.
Sos wlać do rondla i podgrzewać na średnim ogniu przez około 5 minut, od czasu do czasu mieszając, aby smaki się połączyły.
Zdejmij z ognia i poczekaj, aż sos mango-habanero całkowicie ostygnie.
Sos przelać do słoiczka lub butelki z szczelnie zamykaną pokrywką.
Sos przechowuj w lodówce przez co najmniej 1 godzinę, aby smaki mogły się lepiej rozwinąć przed użyciem.
Podawaj sos mango-habanero jako sos do maczania, glazurę lub przyprawę do grillowanych mięs, owoców morza, tacos,

kanapek lub dowolnego dania, które potrzebuje słodko-pikantnego kopa.

41. Salsa habanero brzoskwiniowo-śliwkowa

SKŁADNIKI:

2 brzoskwinie, obrane i pokrojone w kostkę
2 śliwki, obrane i pokrojone w kostkę
2 papryczki habanero, usunięte łodygi i nasiona, drobno posiekane
1/2 czerwonej cebuli, drobno posiekanej
1/4 szklanki świeżej kolendry, posiekanej
Sok z 1 limonki
1 łyżka białego octu
1 łyżka miodu lub cukru (opcjonalnie, dla osłody)
Sól dwa klucze

INSTRUKCJE:

W misce wymieszaj pokrojone w kostkę brzoskwinie, śliwki, posiekaną paprykę habanero, czerwoną cebulę i kolendrę.
Dodaj sok z limonki i biały ocet do miski i dobrze wymieszaj.
Jeśli wolisz słodszą salsę, możesz dodać miód lub cukier i mieszać, aż się rozpuści.
Dopraw solą do smaku i dostosuj ilość papryczek habanero w zależności od pożądanego poziomu pikanterii.
Salsę pozostawiamy w temperaturze pokojowej na około 15-30 minut, aby smaki się połączyły.
Spróbuj salsy i w razie potrzeby dopraw ją.
Podawaj salsę habanero z brzoskwiniami i śliwkami z chipsami tortilla, grillowanymi mięsami, rybami, tacos lub dowolnym daniem, do którego przydałaby się owocowa i pikantna salsa.
Wszelkie resztki salsy można przechowywać w zamkniętym pojemniku w lodówce do 3-4 dni.

Rozkoszuj się słodką i pikantną kombinacją brzoskwiń i śliwek z ognistym kopnięciem papryczek habanero w tej pysznej salsie!

2. Sos Wino-Habanero

SKŁADNIKI:

4 papryczki habanero, usunięte łodygi i nasiona, drobno posiekane
1 szklanka czerwonego wina (np. Cabernet Sauvignon lub Merlot)
1/2 szklanki destylowanego białego octu
1/4 szklanki miodu lub cukru
2 ząbki czosnku, posiekane
1 łyżeczka soli
1 łyżka skrobi kukurydzianej (opcjonalnie, do zagęszczenia)

INSTRUKCJE:

W rondlu wymieszaj papryczki habanero, czerwone wino, biały ocet, miód lub cukier, zmielony czosnek i sól. Doprowadzić mieszaninę do wrzenia na średnim ogniu. Po zagotowaniu zmniejsz ogień do minimalnego i gotuj na wolnym ogniu przez około 15 minut, od czasu do czasu mieszając.
Jeśli wolisz gęstszy sos, rozpuść skrobię kukurydzianą w niewielkiej ilości zimnej wody, aby uzyskać zawiesinę. Wmieszaj zawiesinę do sosu i gotuj na wolnym ogniu przez kolejne 5 minut, aż sos lekko zgęstnieje.
Zdejmij rondelek z ognia i poczekaj, aż sos winno-habanero całkowicie ostygnie.
Sos przelej do słoika lub butelki i przechowuj w lodówce. Aby uzyskać najlepsze rezultaty, przed użyciem należy pozostawić smaki na co najmniej 1-2 dni.
Sos winno-habanero podawaj jako przyprawę lub glazurę do grillowanych mięs, drobiu, owoców morza lub pieczonych warzyw.

3. Rumowy sos habanero

SKŁADNIKI:

4 papryczki habanero, usunięte łodygi i nasiona, drobno posiekane
1/2 szklanki rumu (ciemnego lub pikantnego)
1/4 szklanki destylowanego białego octu
1/4 szklanki soku z limonki
2 łyżki miodu lub cukru
2 ząbki czosnku, posiekane
1 łyżeczka soli

INSTRUKCJE:

W rondlu wymieszaj papryczki habanero, rum, biały ocet, sok z limonki, miód lub cukier, zmielony czosnek i sól. Doprowadzić mieszaninę do wrzenia na średnim ogniu. Po zagotowaniu zmniejsz ogień do małego i gotuj na wolnym ogniu przez około 10 minut, od czasu do czasu mieszając. Zdejmij rondelek z ognia i pozwól sosowi rumowo-habanero ostygnąć przez kilka minut.
Sos przełożyć do blendera lub robota kuchennego i zmiksować na gładką masę.
Pozwól sosowi całkowicie ostygnąć.
Sos przelać do słoiczka lub butelki i przechowywać w lodówce.
Aby uzyskać najlepsze rezultaty, przed użyciem poczekaj, aż smaki się połączą przez co najmniej 1-2 dni.
Podawaj sos rumowo-habanero jako przyprawę lub glazurę do grillowanych mięs, owoców morza lub jako sos do maczania przystawek.

4. Sos maślano-paprykowy Tabasco

SKŁADNIKI:

1/2 szklanki niesolonego masła, roztopionego
2 łyżki sosu Tabasco
1 łyżka soku z cytryny
1/4 łyżeczki soli

INSTRUKCJE:

W małej misce wymieszaj roztopione masło, sos Tabasco, sok z cytryny i sól, aż dobrze się połączą.
Sos przełóż do naczynia, w którym będziesz podawać i przechowuj w lodówce, aż masło lekko stwardnieje.
Sos podawaj jako dip do owoców morza, grillowanych mięs lub warzyw.

5.Ostry sos dymny Sriracha

SKŁADNIKI:

1 szklanka czerwonej papryczki chili (bez pestek i posiekanej)
4 ząbki czosnku (posiekane)
1/4 szklanki octu destylowanego
2 łyżki wędzonej papryki
1 łyżka cukru
1 łyżka soli

INSTRUKCJE:

Zmiksuj papryczkę chili, czosnek, ocet, wędzoną paprykę, cukier i sól w robocie kuchennym na gładką masę.
Wlać mieszaninę do rondla i gotować na małym ogniu przez 15-20 minut, od czasu do czasu mieszając.
Pozostaw sos do całkowitego ostygnięcia, następnie przelej go do słoika lub butelki i przechowuj w lodówce.

6. Gorący sos musztardowy wędzony

SKŁADNIKI:

1/2 szklanki żółtej musztardy
2 łyżki ulubionego ostrego sosu
2 łyżki miodu
1 łyżka octu jabłkowego
1 łyżeczka wędzonej papryki
1/2 łyżeczki czosnku w proszku
1/2 łyżeczki cebuli w proszku
1/4 łyżeczki czarnego pieprzu

INSTRUKCJE:

W misce wymieszaj żółtą musztardę, ostry sos, miód, ocet jabłkowy, wędzoną paprykę, czosnek w proszku, cebulę w proszku i czarny pieprz.
Dobrze wymieszaj, aby połączyć.
Spróbuj i dopraw według uznania.
Sos przełożyć do słoika lub szczelnego pojemnika i przechowywać w lodówce.

Glazura BBQ

47. Glazura z sosem BBQ

SKŁADNIKI:

- 1 ½ łyżki sosu wieprzowego
- ½ galona ketchupu
- ¼ szklanki octu
- ½ szklanki) cukru
- ½57 sosu
- ½ łyżki czarnego pieprzu
- 2 łyżki czerwonej papryki
- 1 łyżka soli czosnkowej
- ¼ szklanki chili w proszku
- ¼ szklanki sosu Worcestershire

INSTRUKCJE:

Wymieszaj wszystkie składniki i gotuj na wolnym ogniu, aż zgęstnieją.
użyciem rozrzedzić piwo .

48. Glazura z chutneyu ananasowego

SKŁADNIKI:

- 1 każdy zmiażdżony ananas, puszka 20 uncji
- ½ szklanki Chutney, pokrojonego
- 2 łyżki brązowego cukru
- 2 łyżki masła
- 1 łyżeczka soli
- 1 łyżeczka Imbiru, mielonego

INSTRUKCJE:

W rondlu wymieszaj wszystkie składniki. Doprowadź do wrzenia, zmniejsz ogień i gotuj na wolnym ogniu przez 15 minut. Użyj do posmarowania jagnięciny, wieprzowiny lub szynki na ostatnie 15 minut grillowania. Przełóż resztę.

49. Glazura miodowo-musztardowa

SKŁADNIKI:
1/2 szklanki musztardy Dijon
1/4 szklanki miodu
2 łyżki octu jabłkowego
1 łyżka sosu sojowego
1 łyżeczka czosnku w proszku
1/2 łyżeczki cebuli w proszku
Sól i pieprz do smaku

INSTRUKCJE:
W misce wymieszaj musztardę Dijon, miód, ocet jabłkowy, sos sojowy, czosnek w proszku, cebulę w proszku, sól i pieprz, aż dobrze się połączą.

Na ostatnie 10 minut grillowania posmaruj mięso glazurą i poczekaj, aż mięso lekko się skarmelizuje.

50. Pikantny glazura chipotle

SKŁADNIKI:
1 szklanka ketchupu
1/4 szklanki brązowego cukru
2 łyżki chipotle w sosie adobo (drobno posiekane)
2 łyżki octu jabłkowego
1 łyżka sosu Worcestershire
1 łyżeczka czosnku w proszku
1 łyżeczka wędzonej papryki
1/2 łyżeczki pieprzu cayenne
Sól i pieprz do smaku

INSTRUKCJE:
W rondlu wymieszaj ketchup, brązowy cukier, chipotle w sosie adobo, ocet jabłkowy, sos Worcestershire, czosnek w proszku, wędzoną paprykę, pieprz cayenne, sól i pieprz.
Wymieszaj składniki i doprowadzaj mieszaninę do wrzenia na średnim ogniu.
Zmniejsz ogień do małego i gotuj glazurę przez około 10-15 minut, mieszając od czasu do czasu, aż zgęstnieje.
Zdejmij z ognia i pozostaw do ostygnięcia. Glazura jest teraz gotowa do użycia.

51. Glazura klonowo-bourbonowa

SKŁADNIKI:

1/2 szklanki syropu klonowego
1/4 szklanki bourbona
2 łyżki musztardy Dijon
2 łyżki sosu sojowego
1 łyżka octu jabłkowego
1 łyżeczka czosnku w proszku
1/2 łyżeczki wędzonej papryki
Sól i pieprz do smaku

INSTRUKCJE:

W misce wymieszaj syrop klonowy, bourbon, musztardę Dijon, sos sojowy, ocet jabłkowy, proszek czosnkowy, wędzoną paprykę, sól i pieprz, aż dobrze się połączą.
Na ostatnie 10 minut grillowania posmaruj mięso glazurą i poczekaj, aż mięso lekko się skarmelizuje.

52. Ananasowa glazura Teriyaki

SKŁADNIKI:

1 szklanka soku ananasowego
1/4 szklanki sosu sojowego
2 łyżki brązowego cukru
2 łyżki miodu
2 łyżki octu ryżowego
1 łyżeczka czosnku w proszku
1/2 łyżeczki imbiru w proszku
Sól i pieprz do smaku

INSTRUKCJE:

W rondlu wymieszaj sok ananasowy, sos sojowy, brązowy cukier, miód, ocet ryżowy, czosnek w proszku, imbir w proszku, sól i pieprz.

Wymieszaj składniki i doprowadzaj mieszaninę do wrzenia na średnim ogniu.

Zmniejsz ogień do małego i gotuj glazurę przez około 10-15 minut, mieszając od czasu do czasu, aż zgęstnieje.

Zdejmij z ognia i pozostaw do ostygnięcia. Glazura jest teraz gotowa do użycia.

53. Słodko-pikantna glazura BBQ

SKŁADNIKI:

1 szklanka ketchupu
1/4 szklanki miodu
2 łyżki octu jabłkowego
2 łyżki melasy
1 łyżka musztardy Dijon
1 łyżeczka czosnku w proszku
1/2 łyżeczki cebuli w proszku
Sól i pieprz do smaku

INSTRUKCJE:

W rondlu wymieszaj ketchup, miód, ocet jabłkowy, melasę, musztardę Dijon, czosnek w proszku, cebulę w proszku, sól i pieprz.

Wymieszaj składniki i doprowadzaj mieszaninę do wrzenia na średnim ogniu.

Zmniejsz ogień do małego i gotuj glazurę przez około 10-15 minut, mieszając od czasu do czasu, aż zgęstnieje.

Zdejmij z ognia i pozostaw do ostygnięcia. Glazura jest teraz gotowa do użycia.

54.Glazura z dymionego klonu

SKŁADNIKI:

1 szklanka syropu klonowego
1/4 szklanki ketchupu
2 łyżki octu jabłkowego
1 łyżka musztardy Dijon
1 łyżeczka płynnego dymu
1/2 łyżeczki czosnku w proszku
1/2 łyżeczki wędzonej papryki
Sól i pieprz do smaku

INSTRUKCJE:

W rondelku wymieszaj syrop klonowy, ketchup, ocet jabłkowy, musztardę Dijon, płynny dym, czosnek w proszku, wędzoną paprykę, sól i pieprz.

Wymieszaj składniki i doprowadzaj mieszaninę do wrzenia na średnim ogniu.

Zmniejsz ogień do małego i gotuj glazurę przez około 10-15 minut, mieszając od czasu do czasu, aż zgęstnieje.

Zdejmij z ognia i pozostaw do ostygnięcia. Glazura jest teraz gotowa do użycia.

55. Glazura z brązowego cukru i musztardy

SKŁADNIKI:
1/2 szklanki brązowego cukru
1/4 szklanki musztardy Dijon
2 łyżki octu jabłkowego
1 łyżka sosu sojowego
1 łyżeczka czosnku w proszku
1/2 łyżeczki wędzonej papryki
Sól i pieprz do smaku

INSTRUKCJE:
W misce wymieszaj brązowy cukier, musztardę Dijon, ocet jabłkowy, sos sojowy, proszek czosnkowy, wędzoną paprykę, sól i pieprz, aż dobrze się połączą.
Na ostatnie 10 minut grillowania posmaruj mięso glazurą i poczekaj, aż mięso lekko się skarmelizuje.

56. Azjatycka glazura sezamowa

SKŁADNIKI:
1/4 szklanki sosu sojowego
2 łyżki miodu
2 łyżki octu ryżowego
1 łyżka oleju sezamowego
1 łyżeczka czosnku w proszku
1/2 łyżeczki imbiru w proszku
1/2 łyżeczki pokruszonych płatków czerwonej papryki (opcjonalnie)
Sól i pieprz do smaku

INSTRUKCJE:
W misce wymieszaj sos sojowy, miód, ocet ryżowy, olej sezamowy, czosnek w proszku, imbir w proszku, pokruszone płatki czerwonej papryki, sól i pieprz, aż dobrze się połączą.
Na ostatnie 10 minut grillowania posmaruj mięso glazurą i poczekaj, aż mięso lekko się skarmelizuje.

57. Glazura Malinowa Chipotle

SKŁADNIKI:

1 szklanka dżemu malinowego bez pestek
2 łyżki chipotle w sosie adobo (drobno posiekane)
2 łyżki octu jabłkowego
1 łyżka sosu sojowego
1 łyżeczka czosnku w proszku
1/2 łyżeczki wędzonej papryki
Sól i pieprz do smaku

INSTRUKCJE:

W rondelku wymieszaj konfiturę malinową, chipotle w sosie adobo, ocet jabłkowy, sos sojowy, czosnek w proszku, wędzoną paprykę, sól i pieprz.

Wymieszaj składniki i doprowadzaj mieszaninę do wrzenia na średnim ogniu.

Zmniejsz ogień do małego i gotuj glazurę przez około 10-15 minut, mieszając od czasu do czasu, aż zgęstnieje.

Zdejmij z ognia i pozostaw do ostygnięcia. Glazura jest teraz gotowa do użycia.

SOLANKI Z GRILLA

8. Solanka Achiote i sos barbecue

SKŁADNIKI:

- 1 szklanka octu winnego z czerwonego wina
- ¼ szklanki wody
- 2 łyżeczki mielonego kminku
- 3 ząbki czosnku, posiekane
- 2 łyżeczki pasty Achiote
- 1 łyżeczka mielonej czerwonej papryki
- Sól i czarny pieprz do smaku
- ¼ szklanki oliwy z oliwek
- 1 Suszona papryczka chili
- 1 szklanka wrzącej wody
- 2 łyżki pasty Achiote
- 1 łyżka oliwy z oliwek
- ¾ szklanki solanki

INSTRUKCJE:

Solanka: Wymieszać składnik solanki: s

Sposób użycia: Posmaruj szaszłyki mięsnymi. Grilluj lub grilluj, aż mięso będzie gotowe, około 5 minut, kilka razy polewając solanką. Posmaruj ponownie przed porcją.

9. Solanka i sos Teriyaki

SKŁADNIKI:

- 1 szklanka sosu sojowego
- 1 szklanka wody
- 2 łyżki octu
- 2 łyżki brązowego cukru
- 1 łyżeczka suchej musztardy
- $\frac{1}{2}$ łyżeczki sproszkowanego imbiru
- $\frac{1}{2}$ łyżeczki czosnku w proszku
- 1 łyżeczka ostrego sosu paprykowego
- 2 łyżki skrobi kukurydzianej

INSTRUKCJE:
Wymieszaj wszystkie składniki

O.Zalewka ananasowo-sojowa do żeberek

SKŁADNIKI:

- 1 ząbek czosnku
- 1 szklanka sosu sojowego
- ½ szklanki soku ananasowego
- ¼ szklanki Sherry
- 1 ½ łyżki brązowego cukru

INSTRUKCJE:

a) Czosnek posiekaj, następnie wymieszaj z pozostałymi składnikami.
b) Dodać do żeberek i zamarynować.

51. Solanka z czerwonego sera fasolowego

SKŁADNIKI:

- 2 łyżki chińskiego sera z czerwonej fasoli
- ½ ząbka czosnku
- 2 łyżki sosu sojowego
- 1 łyżeczka soli
- ½ łyżeczki cukru
- ½ łyżeczki Pięć przypraw

INSTRUKCJE:

a) Zetrzyj ser z czerwonej fasoli i zmiażdż czosnek, a następnie wymieszaj z pozostałymi składnikami.

b) Nacieramy mieszaniną żeberka, odstawiamy na 1 godzinę, a następnie pieczemy.

2. Solanka mostkowa

SKŁADNIKI:

- 2 łyżki Rib Eye Express Brisket Rub
- 12 uncji piwa
- 1 każda średnia cebula, starta
- ½ szklanki octu jabłkowego
- ¼ szklanki oleju kukurydzianego
- 2 sztuki chili Chipotle's
- 2 łyżki sosu Adobo
- 2 łyżki płynnego dymu

INSTRUKCJE:

Wszystkie składniki wymieszać, wymieszać mikserem i zalać mostek na noc.

3.Zalać solanką

SKŁADNIKI:

- 1 szklanka szalotki (pokrojonej w drobną kostkę)
- ½ dużej białej lub żółtej cebuli (pokrojonej w grubą kostkę)
- 2 łyżki świeżych liści tymianku
- 3 chili habanero
- 2 łyżeczki ziela angielskiego jamajskiego
- 3 łyżki sosu sojowego
- 1 łyżka octu
- 1 łyżka oleju kuchennego
- 1 łyżeczka mielonego czarnego pieprzu
- 2 łyżeczki soli
- 2 łyżeczki cukru
- ½ łyżeczki cynamonu
- ½ łyżeczki gałki muszkatołowej

INSTRUKCJE:

a) Umieść wszystkie składniki z wyjątkiem szalotki i tymianku w mikserze (lub robocie kuchennym) i zmiksuj.

b) Następnie dodaj pozostałe składniki i zwiększaj obroty miksera, aż składniki zostaną dobrze wymieszane, ale nie zmiksowane.

4.Solanka z owoców morza z Alaski

SKŁADNIKI:

- 8 łyżek niesolonego masła lub margaryny
- 1 szklanka brązowego cukru (w opakowaniu)
- ⅓ szklanki miodu
- ⅓ łyżki świeżego soku z cytryny
- 1 łyżeczka Płynny aromat dymu
- ¼ łyżeczki suszonego rozmarynu
- 1 łyżeczka sosu pieprzowego marki TABASCO

INSTRUKCJE:

W umiarkowanym rondlu, na umiarkowanym ogniu, wymieszaj wszystkie składniki.

Gotuj, mieszając, aż będzie gładka, od 5 do 7 minut

Ostudzić do temperatury pokojowej Marynować owoce morza 30 minut przed grillowaniem.

5.Ancho Chile i pomarańczowa solanka

SKŁADNIKI:

- ¼ łyżeczki całych nasion kminku
- ¼ łyżeczki całych nasion kolendry
- ½ średniej cebuli, grubo segmentowana
- 8 ząbków czosnku (dużych), nieobranych
- 8 suszonych chilli Ancho
- 1 szczypta cynamonu (duża)
- ¼ łyżeczki świeżo zmielonego czarnego pieprzu
- 1 duża pomarańcza; starta skórka
- ½ łyżeczki suszonego oregano
- Gorąca woda
- 1 duża pomarańcza; sok z
- ½ limonki; sok z
- Sól dwa klucze

INSTRUKCJE:

Na grubej patelni, na umiarkowanym ogniu, prażymy kminek i kolendrę przez około 5 minut lub do momentu, aż zaczną nabierać aromatu. Zmiel na proszek w młynku do kawy

Dodaj cebulę, czosnek i chili na patelnię, piecząc chili od 3 do 5 minut, aż będą aromatyczne. Natychmiast wyjąć. Cebulę pokroić na złoty kolor, a czosnek na lekko zmięknięty, około 10 minut.

Usuń łodygi i nasiona chili, następnie zalej pokrywką gorącą wodą i odstaw na 30 minut. W międzyczasie praż cynamon, pieprz i skórkę pomarańczową przez 10 sekund na umiarkowanym ogniu.

Wszystkie składniki wymieszaj w mikserze (najpierw obierz czosnek), łącznie z chilli i kilkoma łyżkami ich płynu. Zmiksuj, dopraw do smaku i przechowuj w lodówce do momentu użycia

Większe kawałki mięsa lub drobiu marynować od kilku godzin do nocy.

Ryba potrzebuje około godziny, a warzywa są gotowe do ugotowania w ciągu godziny. Zawsze przechowuj marynowane produkty w lodówce.

66. Solanka burbonowa

SKŁADNIKI:

- 1 marchewka podzielona na segmenty
- 1 cebula podzielona na segmenty
- 1 ząbek czosnku, posiekany
- 4 gałązki pietruszki
- 1 łyżka czarnego pieprzu, mielonego
- 1 liść laurowy
- 2 szklanki białego wina (wytrawnego)
- $\frac{1}{2}$ szklanki octu
- 4 szklanki wody
- $\frac{1}{4}$ szklanki bourbona z dzikiego indyka

INSTRUKCJE:

Wymieszaj wszystkie składniki w dużym szklanym lub glinianym naczyniu, aż dobrze się wymieszają. Dodaj mięso do solanki. Wstaw do lodówki na 8 godzin lub na noc, obracając 4 razy.

67. Zalewka żurawinowa do wieprzowiny

SKŁADNIKI:

- 6 uncji Świeżej lub mrożonej żurawiny
- ½ szklanki wody
- 1 ½ łyżeczki Tartej skórki pomarańczowej
- 3 łyżki octu winnego czerwonego
- 2 łyżki drobno pokrojonej szalotki
- ½ szklanki sypkiego złotobrązowego cukru
- 2 łyżeczki soli
- ½ łyżeczki mielonych ziaren czarnego pieprzu
- ¼ szklanki oleju roślinnego
- 2 10-uncjowe polędwiczki wieprzowe
- Słone i świeżo zmielone
- Pieprz

INSTRUKCJE:

średnio ciężkim rondlu wymieszaj żurawinę, wodę i skórkę pomarańczową.

Doprowadź do wrzenia. Zmniejsz ogień i gotuj na wolnym ogniu, aż żurawina pęknie, od czasu do czasu mieszając, około 10 minut. Odcedź żurawinę, obierz i przełóż do malaksera. Zmiksuj na gładką masę. Dodaj ocet, szalotkę, cukier, sól i ziarna pieprzu i dobrze wymieszaj. Stopniowo dodawaj olej roślinny. Całkowicie ostudź.

68. Solanka z pazurów kraba

SKŁADNIKI:

- 1 szklanka oliwy z oliwek
- ½ szklanki octu
- ¼ szklanki soku z cytryny
- 1 łyżeczka estragonu
- 1 szklanka pietruszki
- 1 szklanka selera
- ¾ łyżeczki czarnego pieprzu
- ¾ łyżeczki soli
- ¾ łyżeczki cukru
- 1 szklanka szalotki
- 4 sztuki Ząbki czosnku (4-10)

INSTRUKCJE:

Całość mieszamy, polewamy pazurami i podajemy.

69. Solanka Fajita

SKŁADNIKI:

- 4 szklanki jasnego sosu sojowego
- 1 szklanka sypkiego brązowego cukru
- Po 1 łyżeczce: czosnku i cebuli w proszku
- 8 łyżek (1/2 szklanki) świeżego soku z cytryny
- 4 łyżeczki mielonego imbiru
- 1 Stek ze spódnicy
- Ciepłe tortille z mąki
- Gotowy sos d pico de gallo lub picante

INSTRUKCJE:

Wymieszaj w słoiku sos sojowy, brązowy cukier, proszek czosnku i cebuli, sok z cytryny i imbir, wstrząśnij, aby dobrze wymieszać i rozpuścić cukier. Pozostaw solankę w szczelnie zamkniętym słoiku na noc.

70. Koreańska solanka sezamowa

SKŁADNIKI:

- ¼ szklanki prażonych nasion sezamu
- 3 posiekane ząbki czosnku
- 1 łyżka imbiru, posiekanego
- 3 szalotki, posiekane
- ⅓ szklanki sosu sojowego
- 3 łyżki cukru lub miodu
- 1 ½ łyżki oleju sezamowego
- 1 łyżeczka płatków ostrej czerwonej papryki
- ½ łyżeczki czarnego pieprzu

INSTRUKCJE:

Lekko praż nasiona sezamu na suchej patelni na umiarkowanym ogniu.

W płytkim naczyniu wymieszaj nasiona sezamu i pozostałe składniki.

71. Solanka cytrynowo-rozmarynowa

SKŁADNIKI:

- ½ szklanki soku z cytryny
- ½ szklanki wytrawnego białego wina
- ½ szklanki oliwy z oliwek
- 2 łyżki pokrojonego w kostkę świeżego rozmarynu lub 1 łyżeczka pokruszonego, suszonego
- 2 łyżki posiekanej świeżej natki pietruszki
- 1 łyżeczka Tartej skórki z cytryny
- ½ łyżeczki soli
- ¼ łyżeczki świeżo zmielonego pieprzu
- 1 liść laurowy, przełamany na trzy części

INSTRUKCJE:

Wymieszaj wszystkie składniki, dobrze wymieszaj.

72. Solanka Margarita

SKŁADNIKI:

- 10 uncji pokrojonych w kostkę pomidorów Can Chi Chi
- I zielone chilli, odsączone
- $\frac{1}{4}$ szklanki soku pomarańczowego
- $\frac{1}{4}$ szklanki tequili
- $\frac{1}{4}$ szklanki oleju roślinnego
- 2 funty polędwicy wieprzowej lub
- Piersi z kurczaka lub
- 2 łyżki świeżego soku z limonki
- 1 łyżka miodu
- 1 łyżeczka posiekanego świeżego czosnku
- 1 łyżeczka startej skórki limonki

INSTRUKCJE:

W dużej, zamykanej plastikowej torbie na żywność wymieszaj wszystkie składniki.

SALSA Z GRILLA

3.Grillowana salsa brzoskwiniowa

SKŁADNIKI:

- 4 Brzoskwinie; pokroić na ułamki , wyjąć pestkę (zostawić skórkę)
- 2 łyżki oliwy z oliwek; podzielone
- 3 łyżki czerwonej cebuli, pokrojonej w drobną kostkę
- 1 małe Jalapeno, nasiona Wyjmij i pokrój w drobną kostkę
- 2 łyżki octu balsamicznego
- $\frac{1}{4}$ szklanki kolendry; grubo pokrojonej w kostkę
- 2 łyżki miętowego szyfonu
- Sól i świeżo zmielony pieprz

INSTRUKCJE:

Rozgrzej grill Blackstone. Posmaruj bok brzoskwini 1 łyżką oliwy z oliwek. Połóż przekrojoną stronę na grillu i grilluj brzoskwinie, aż się skarmelizują, ale nadal zachowują swój kształt, 3-4 minuty.

Wyjmij brzoskwinię i pokrój ją w kostkę o grubości $\frac{1}{2}$ cala. Umieść brzoskwinię w umiarkowanym naczyniu i wymieszaj z resztą składników oraz pozostałą 1 łyżką oliwy z oliwek, dopraw solą i pieprzem.

podaniem odstaw na 30 minut w temperaturze pokojowej

4.Salsa brzoskwiniowo-cebulowa

SKŁADNIKI:

- 1 umiarkowana cebula
- 2 ¼ łyżeczki soli
- 4 umiarkowane brzoskwinie
- 1 łyżka octu balsamicznego
- 1 papryczka jalapeno
- ½ szklanki liści bazylii

INSTRUKCJE:

W niereaktywnym naczyniu wymieszaj cebulę z 2 łyżeczkami soli. Odstaw na co najmniej 1 godzinę, ale nie dłużej niż 1,5 godziny. Cebula lekko zwiędnie, wypuści trochę soku i stanie się mniej cierpka. Odcedź sok z cebuli, przepłucz zimną wodą i ponownie spuścić.

Obierz brzoskwinię i posiekaj średnio -drobno nożem
Wymieszaj brzoskwinię w niereaktywnym naczyniu z cebulą, octem, jalapeno i pozostałą solą.

Drobno posiekaj bazylię i wymieszaj. Podawaj od razu.

5. Grillowana salsa chili

SKŁADNIKI:

- 3 duże pomidory, pokrojone w kostkę
- 1 Cebula, obrana i pokrojona w kostkę
- ⅓ szklanki świeżej kolendry, pokrojonej w kostkę
- 3 łyżki świeżego soku z limonki
- 2 papryczki Poblano, grillowane i pokrojone w kostkę
- 1 łyżeczka mielonego czosnku

INSTRUKCJE:

Grillowanie papryczek Poblano nadaje im przyjemny wędzony smak.

Wszystkie składniki wymieszać w naczyniu i doprawić do smaku solą i pieprzem.

Przechowywać w lodówce przez 1 godzinę do wymieszania smaków. Podawać z ulubionym daniem Tex-Mex.

6. Salsa chili ancho

SKŁADNIKI:

- 4 umiarkowane chili Ancho, wytarte do czysta, pozbawione łodyg i nasion
- 2 szklanki świeżo wyciśniętego soku pomarańczowego
- 4 łyżki świeżo wyciśniętego soku grejpfrutowego
- 2 łyżki świeżo wyciśniętego soku z limonki
- 4 łyżeczki soli
- 1 łyżeczka świeżo zmielony czarny pieprz
- 4 łyżki oliwy z oliwek

INSTRUKCJE:

Opiekaj chili bezpośrednio nad umiarkowanym płomieniem gazowym lub na żeliwnej patelni, aż będą miękkie i brązowe, często obracając, aby uniknąć przypalenia.

Pokrój chili na 1-calowe paski, a następnie w bardzo drobną julienne.

Wymieszaj wszystkie składniki w naczyniu, dobrze wymieszaj i odstaw na co najmniej 30 minut lub nawet na 2 godziny przed porcją.

7.Salsa z moreli i pieczonej papryki

SKŁADNIKI:

- 1 funt świeżych moreli
- 2 świeże papryczki jalapeno
- 1 Czerwona papryka
- 1 Ogórek, obrany i z nasionami Wyjmij
- ½ Czerwona cebula
- ½ pęczka kolendry
- 1 Limonka, Sok z
- 3 łyżki oliwy z oliwek Extra Virgin
- 1 szczypta soli
- 1 szczypta cukru
- 1 szczypta czarnego pieprzu

INSTRUKCJE:

a) Pokrój morele, jalapeno, czerwoną paprykę, ogórek i cebulę.

b) Ułożyć w naczyniu, posiekać kolendrę, delikatnie wymieszać, dodać sok z limonki, olej, sól, cukier i pieprz

8.Salsa z awokado Arbol

SKŁADNIKI:

- ½ funta włoskich pomidorów romskich
- ¾ funta pomidorów pokrojonych w kostkę
- ⅓ szklanki (12 do 15) chili Arbol
- ½ pęczka kolendry
- 1 średnia biała cebula, pokrojona w kostkę
- 2 łyżki mielonego kminku
- 4 ząbki czosnku, zmiażdżone
- 2 szklanki wody
- 1 łyżeczka soli
- ½ łyżeczki świeżo zmielonego czarnego pieprzu
- 1 Awokado

INSTRUKCJE:

a) Rozgrzej grill Blackstone. Połóż pomidory i pomidory na blasze do pieczenia. Grilluj, obracając od czasu do czasu, aż całe się przysmażą, 10 do 12 minut

b) Przełożyć do rondelka razem z pozostałymi składnikami.

c) Doprowadź mieszaninę do wrzenia i gotuj, aż cebula będzie miękka, 12 do 15 minut. Przenieś do robota kuchennego lub miksera. Przetrzyj, a następnie odcedź

d) Podawać w temperaturze pokojowej lub lekko schłodzoną. Salsę Arbol można przechowywać w lodówce od 3 do 5 dni lub zamrozić przez kilka tygodni.

e) Tuż przed porcją dodaj awokado

9. Salsa kolendrowa

SKŁADNIKI:

- 2 łyżki zielonego chili, pokrojonego w kostkę
- 1 ząbek czosnku, posiekany
- ¾ szklanki białej cebuli, posiekanej
- 1 kropla salsy habanero
- ½ szklanki kolendry, pokrojonej w kostkę
- Lekko zapakowane
- 3 łyżki oleju rzepakowego
- 1 łyżka soku z limonki
- 1 łyżka Mocnej Śmietany

INSTRUKCJE:

Wszystkie składniki wymieszać w malakserze na puree, odstawić do ostygnięcia lub przechowywać w lodówce do 2 tygodni.

O.Salsa Picante z Clear Creek

SKŁADNIKI:

- 1 łyżka oliwy z oliwek
- 1 mała cebula, posiekana
- Po 5 ząbków czosnku, posiekanych
- Po 3 pomidory, obrane
- 1 sztuka świeżej papryczki chili ancho
- 1 sztuka żółtej papryki
- 4 uncje puszki pokrojonego w kostkę zielonego chili
- 1 łyżeczka soli
- ¼ łyżeczki mielonego kminku
- 1 łyżka czosnku w proszku
- 3 łyżki octu balsamicznego
- 3 łyżki soku z limonki
- 1 łyżka suszonej kolendry
- 1 łyżka oliwy z oliwek
- 1 mała cebula, posiekana
- 5 ząbków czosnku, posiekanych
- 3 sztuki pomidorów, obranych, pozbawionych gniazd nasiennych i pokrojonych w grubą kostkę
- 1 sztuka świeżej papryczki chili ancho, pozbawionej nasion i posiekanej
- 1 szt. żółta papryka, pozbawiona nasion i posiekana
- Puszka 4 uncji pokrojonych w kostkę zielonych chili
- 1 łyżeczka soli
- ¼ łyżeczki mielonego kminku
- 1 łyżka czosnku w proszku
- 3 łyżki octu balsamicznego
- 3 łyżki soku z limonki
- 1 łyżka suszonej kolendry

INSTRUKCJE:

a) Cebulę i czosnek podsmaż na oliwie z oliwek na umiarkowanym ogniu, aż będą miękkie

b) Dodać pozostałe składniki oprócz kolendry, wymieszać, sprawdzić, czy nie ma soli. W razie potrzeby dodać więcej. Zmniejszyć ogień do małego, przykryć pokrywką i gotować na wolnym ogniu przez 30 minut.

c) Wyjmij. Przykryj pokrywką i gotuj na wolnym ogniu przez dodatkowe 30 minut lub dłużej, aż zgęstnieje.

d) Zdejmij z ognia, dodaj kolendrę i zamieszaj. Salsę schłodź przez noc przed użyciem. Podawaj jako dip do chipsów lub jako pikantny dodatek do ulubionej potrawy meksykańskiej lub teksańsko-meksykańskiej

81. włoska salsa

SKŁADNIKI:

- migdały
- 1 duża czerwona papryka
- 12 dużych liści bazylii
- 1 duży ząbek czosnku
- 1 chili Jalapeno, przekrojone na pół i pozbawione nasion
- 4 Suszone pomidory w oleju
- ¼ dużej czerwonej cebuli
- ¼ szklanki oliwy z oliwek
- 1 łyżka octu balsamicznego*LUB
- 2 łyżki octu winnego i szczypta cukru
- 1 łyżka octu z czerwonego wina
- ½ łyżeczki soli
- 2 duże pomidory
- 10 oliwek Kalamata
- Świeże liście bazylii

INSTRUKCJE:

Rozgrzej grill Blackstone. Pokrój paprykę wzdłuż na 4 części, usuwając rdzeń i nasiona. Ułóż w jednej warstwie na blasze wyłożonej folią, skórą do góry. Grilluj 6 cali od źródła ciepła, aż skórka się zaczerni. Wyjmij z grilla Zawiń szczelnie w folię, odstaw na co najmniej 10 minut. Usuń skórkę, paprykę pokrój w centymetrową kostkę.

Nóż stalowy: Umieść 12 liści bazylii w suchym naczyniu roboczym. Przy włączonym urządzeniu wrzuć czosnek i chili przez rurkę podającą i zmiel je na kawałki. Dodaj suszone pomidory i cebulę i grubo posiekaj, wykonując kilka obrotów włączania/wyłączania. Dodaj oliwę z oliwek, oba składniki ocet i sól, miksuj aż do wymieszania, około 5 sekund. Przenieś zawartość naczynia roboczego do dużego naczynia miksującego.Dodaj paprykę, pomidory i oliwki i delikatnie wymieszaj.

2.Salsa Jalapeno

SKŁADNIKI:

- 3 Pomidory
- 1 zielona papryka
- 3 łyżki papryczki Jalapeno
- ¼ szklanki cebuli
- ¼ cytryny

INSTRUKCJE:

Wymieszaj pokrojone w kostkę składniki w naczyniu, dodać sok i miąższ z cytryny, dokładnie wymieszać.
Przed podaniem schłodzić.
Podawać z chrupiącymi chipsami tortilla, kawałkami selera lub innymi surowymi warzywami, jako sos do tacos lub gdy masz ochotę na pikantną salsę.

CHUTNEJ Z GRILLA

83.Owocowy grill chutney

SKŁADNIKI:

- 16 małych szalotek
- 1¼ szklanki wytrawnego białego wina
- 4 umiarkowane morele
- 2 duże brzoskwinie
- 2 Całe pomidory śliwkowe
- 12 Całe śliwki
- 2 umiarkowane ząbki czosnku
- 2 łyżki sosu sojowego o niskiej zawartości sodu
- ½ szklanki ciemnego brązowego cukru
- ¼ łyżeczki płatków czerwonej papryki

INSTRUKCJE:

W małym rondlu wymieszaj szalotkę i wino, zagotuj na dużym ogniu.

Zmniejsz ogień do umiarkowanego i gotuj na wolnym ogniu, przykryj pokrywką, aż szalotka będzie miękka, 15 do 20 minut

Wymieszaj pozostałe składniki w dużym rondlu, dodaj szalotkę i wino, zagotuj na dużym ogniu. Zmniejsz ogień do umiarkowanego i gotuj, aż owoce się rozpadną, ale nadal będą dość grube, 10 do 15 minut. Ostudź.

Przenosić część sosu do robota kuchennego i puree. Użyj tego jako solanki

84. Słodko-kwaśny chutney z papai

SKŁADNIKI:
- 1 papaja (świeża, dojrzała lub w słoiku)
- 1 mała czerwona cebula; podzielona na bardzo cienkie segmenty
- 1 umiarkowany pomidor (dwa po 2); pozbawiony nasion, pokrojony w małą kostkę
- ½ szklanki szalotki segmentowanej
- 1 mały ananas, pokrojony na kawałki
- 1 łyżka miodu
- Sól; dwa klucze
- Świeżo zmielony czarny pieprz; dwa smaki
- ½ świeżego jalapeno, pokrojonego w drobną kostkę

INSTRUKCJE:
Wymieszaj w mikserze

85. Gorący chutney

SKŁADNIKI:

- 1 duża cebula
- 2 ząbki czosnku
- 1 3-4-calowy kawałek imbiru
- 1 Cytryna
- Niektóre maleńkie, bardzo ostre papryczki chili
- 1 łyżeczka soli
- 2 łyżeczki mniej lub bardziej Cayenne, do smaku
- $\frac{1}{2}$ do 1 łyżeczki czarnego pieprzu

INSTRUKCJE:

Cebulę pokroić w zapałki, czosnek posiekać lub pokroić w drobną zapałkę.

Imbir obierz i pokrój w cienkie zapałki

Dodać sok z cytryny, sól i pieprz.

Teraz dodaj ciepło: cayenne w proszku do smaku i drobno pokrojone ostre chilli.Dobrze wymieszaj i przechowuj w lodówce.

86.Chutney z jabłek i śliwek

SKŁADNIKI:

- 700 g (1 funt, 8 uncji) jabłek, obranych, wydrążonych i pokrojonych w kostkę
- 1250 gr (2 funty, 11 uncji) śliwek
- 450 g (1 funt) cebuli, obranej i pokrojonej w kostkę
- 2 szklanki sułtanek
- 2 szklanki octu jabłkowego
- 2⅔ szklanki miękkiego brązowego cukru
- 1 łyżka soli
- 1 łyżeczka mielonego, ziela angielskiego
- 1 łyżeczka mielonego imbiru
- ¼ łyżeczki mielonej gałki muszkatołowej
- ¼ łyżeczki mielonego pieprzu cayenne
- ¼ łyżeczki mielonych goździków
- 2 łyżeczki nasion gorczycy
- Sterylizowane szklane słoiki

INSTRUKCJE:

Wszystkie składniki zagotować w dość dużym rondlu, zmniejszyć ogień i gotować około 2 godzin.

Gdy mieszanina będzie wystarczająco gęsta, przelej chutney do wyparzonych słoików i natychmiast je zamknij.

87. Chutney z karamboli

SKŁADNIKI:

- 2 szklanki karamboli (owoców gwiaździstych) pokrojonych w kostkę (3/4 funta)
- ¼ szklanki) cukru
- ½ szklanki wytrawnego czerwonego wina
- 1 łyżka imbiru, obranego i pokrojonego w drobną kostkę
- ¼ łyżeczki mielonych goździków
- 2 łyżki białego octu winnego

INSTRUKCJE:

Wymieszaj wszystkie składniki w umiarkowanym rondlu i dobrze wymieszaj. Doprowadź do wrzenia na średnim ogniu i gotuj przez 25 minut lub aż do lekkiego zgęstnienia.

88. Chutney bananowy kuzyna Ledy

SKŁADNIKI:

- 6 bananów
- 1 szklanka posiekanej cebuli
- 1 szklanka rodzynek
- 1 szklanka posiekanych tartych jabłek
- 1 szklanka octu jabłkowego
- 2 szklanki cukru
- 1 łyżka soli
- 1 łyżeczka mielonego imbiru
- 1 łyżeczka gałki muszkatołowej
- ¼ szklanki pieprzu cayenne
- ⅓ szklanki soku z cytryny
- 3 ząbki czosnku posiekane

INSTRUKCJE:

Banany obierz i rozgnieć. W dużym naczyniu żaroodpornym wymieszaj wszystkie składniki. Piec na grillu 350°C przez około 2 godziny, od czasu do czasu mieszając.

Gdy zgęstnieje, rozlać do wysterylizowanych słoików i zakręcić.

89. Chutney żurawinowo-figowy

SKŁADNIKI:
- 24 uncje żurawiny
- 3 szklanki cukru
- 2 umiarkowane pomarańcze, nieobrane, pokrojone w kostkę i pozbawione nasion
- ½ szklanki drobno pokrojonej cebuli
- ¼ szklanki rodzynek
- ¼ szklanki prażonych pistacji łuskanych
- 8 Suszone figi
- 3 łyżki drobno posiekanego obranego imbiru
- 1 łyżeczka soli
- 1 łyżeczka cynamonu
- 1 łyżeczka pieprzu cayenne
- 1 łyżeczka suchej musztardy

INSTRUKCJE:
Ugotuj wszystkie składniki w dużym, ciężkim rondlu niealuminiowym na umiarkowanym ogniu, mieszając, aż cukier się rozpuści. Zwiększ ogień i gotuj, aż żurawina wyskoczy, około 3 minuty. Włóż chutney do czystego, gorącego słoika dwa ¼ cala od góry

Natychmiast wytrzeć brzeg ręcznikiem zamoczonym w gorącej wodzie. Nałożyć pokrywkę na słoik i szczelnie zamknąć. Powtórz tę czynność z pozostałym chutneyem. Ułóż słoiki w dużym garnku. Przykryj pokrywką zalej wrzącą wodą na głębokość co najmniej 1 cala. Przykryj garnek pokrywką i gotuj 15 minut.

Wyjmij słoiki z łaźni wodnej. Ostudź do temperatury pokojowej. Naciśnij środek każdej pokrywki. Jeśli pokrywka pozostaje opuszczona, słoik jest szczelnie zamknięty.

90. Daktyle i chutney pomarańczowy

SKŁADNIKI:

- 1 funt pomarańczy nietraktowanych
- 3 ½ szklanki cukru
- 7 łyżek Golden Syrop
- 2 łyżki grubej soli
- ¼ łyżeczki suszonego chilli, rozgniecionego
- 6¾ szklanki octu słodowego
- 1 funt cebuli; pokrojona w kostkę
- 1 funt daktyli, wypestkowanych i pokrojonych w kostkę
- 1 funt rodzynek

INSTRUKCJE:

Zetrzyj skórkę pomarańczową i odłóż na bok. Wyjmij rdzeń z pomarańczy i usuń nasiona. Miąższ pomarańczy drobno posiekaj. W dużym rondlu ze stali nierdzewnej wymieszaj cukier, syrop, sól, chili i ocet.

Doprowadź do wrzenia na dużym ogniu, mieszając do rozpuszczenia cukru. Dodaj pomarańcze, cebulę, daktyle, rodzynki i pokrój startą skórkę. Zmniejsz ogień i gotuj na wolnym ogniu, aż zgęstnieje, około 1 godziny. Dodaj pozostałą skórkę pomarańczową.

91. Chutney ze świeżego ananasa

SKŁADNIKI:

- 1 duży (6-7 funtów) świeży ananas
- 1 łyżka soli
- ½ dużego ząbka czosnku, rozgniecionego
- 1 ¾ szklanki rodzynek bez pestek
- 1 ¼ szklanki jasnobrązowego cukru
- 1 szklanka octu jabłkowego
- 2 2-calowe laski cynamonu
- ¼ łyżeczki mielonych goździków

INSTRUKCJE:

Obierz, podziel i drobno posiekaj ananasa. posypać solą i odstawić na 1,5 godziny. Odcedzić.

Przełóż czosnek i rodzynki przez rozdrabniacz żywności za pomocą umiarkowanego ostrza i dodaj do ananasa.

Wymieszaj cukier, ocet i przyprawy w rondlu, doprowadź do wrzenia. Dodaj mieszankę owocową i gotuj na umiarkowanym ogniu, aż zgęstnieje, około 45 minut. Przełóż do gorących, wysterylizowanych słoików typu frakcyjnego i natychmiast zamknij.

92. Chutney jabłkowy Habanero

SKŁADNIKI:

- 2 funty Jabłka do gotowania; obrane i pokrojone w małą kostkę
- $\frac{1}{4}$ litra oleju roślinnego (nie oliwy z oliwek)
- 2 łyżki drobno pokrojonego świeżego imbiru
- 1 Cała główka czosnku, obrana i pokrojona w drobną kostkę
- 2 łyżki nasion gorczycy białej
- 1 łyżeczka nasion kozieradki namoczonych w gorącej wodzie i odsączonych
- $\frac{1}{2}$ łyżeczki całych ziaren czarnego pieprzu
- 2 łyżeczki mielonego kminku
- 2 łyżeczki chilli w proszku
- 1 łyżeczka kurkumy
- 4 uncje cukru
- 8 uncji płynnego octu jabłkowego
- 1 łyżka soli

INSTRUKCJE:

Na patelni rozgrzewamy oliwę i delikatnie podsmażamy czosnek i imbir, aż zaczną się zmieniać koloru, następnie dodajemy resztę przypraw i smażymy kolejne 3 minuty. Dodajemy ocet, jabłka, zioła, cukier i sól i dusimy ok. ułamkowo przez godzinę, aż uzyskasz gęstą, papkowatą mieszaninę. Założeniem jest, aby jabłka całkowicie się rozpadły.

Włóż do gorących, wysterylizowanych słoików, od razu zamknij pokrywkami odpornymi na ocet i spróbuj zapomnieć na około 2 miesiące, a potem ciesz się smakiem! Dobrze przechowuje się bez przechowywania w lodówce.

93. Chutney limonkowy

SKŁADNIKI:

- 12 limonek
- 2 strąki czosnku
- 4-calowe kawałki imbiru
- 8 zielonych chilli
- 1 łyżka chilli w proszku
- 12 łyżek cukru
- 1 szklanka octu

INSTRUKCJE:

Limonki oczyść i pokrój na małe kawałki, usuń nasiona. Zachowaj sok z limonki, który zebrał się podczas siekania. Drobno posiekaj czosnek, imbir i chilli. Wymieszaj wszystkie składniki oprócz octu. Gotuj na małym ogniu, aż mieszanina zgęstnieje. Dodać ocet i gotować 5 minut, ostudzić i butelkować, spożyć po 3-4 tygodniach.

94. Chutney limonkowo-jabłkowy

SKŁADNIKI:
- ¼ szklanki świeżego soku z limonki
- 1 łyżka soli
- 1 mała cebula; bardzo drobno
- 1 ½ funta Tarte zielone jabłka
- ¼ łyżeczki płatków czerwonej papryczki chili
- 1 ½ łyżeczki miodu
- ¼ szklanki rozdrobnionych, niesłodzonych wiórków kokosowych

INSTRUKCJE:
W niereaktywnym naczyniu wymieszaj sok z limonki i sól i mieszaj, aż sól się rozpuści.

Dodać cebulę, jabłka, płatki ostrej papryki, miód i kokos, wymieszać, przykryć pokrywką i odstawić na co najmniej 10 minut przed podaniem .

95.Chutney z nektarynki

SKŁADNIKI:

- 1 szklanka jasnego brązowego cukru (w opakowaniu)
- ½ szklanki octu jabłkowego
- 4 nektarynki, obrane i pokrojone w kostkę (maksymalnie 5)
- 1 szklanka rodzynek
- 1 Cała cytryna, skórka
- 1 Cała cytryna, obrana, pozbawiona nasion i pokrojona w kostkę
- 2 łyżki świeżego imbiru, posiekanego
- 1 duży ząbek czosnku, posiekany
- ½ łyżeczki curry w proszku
- ¼ łyżeczki Cayenne

INSTRUKCJE:

W umiarkowanym , niereaktywnym rondlu zagotuj ocet i brązowy cukier na umiarkowanym ogniu, mieszając, aby cukier się rozpuścił. Doprowadź do wrzenia. Dodaj pozostałe składniki.

Gotuj przez 3 do 5 minut. Wyjąć z ognia i ostudzić. Przechowywać w lodówce 2 tygodnie lub w puszce. Podawać do drobiu, wieprzowiny lub szynki.

96. Chutney cebulowy

SKŁADNIKI:

- 6 szklanek pokrojonej w kostkę słodkiej cebuli
- ½ szklanki świeżego soku z cytryny
- 2 łyżeczki całych nasion kminku
- 1 łyżeczka całych nasion gorczycy
- ½ łyżeczki sosu Tabasco
- ¼ łyżeczki płatków czerwonej papryki
- 2 łyżeczki mielonej papryczki chilli
- ¼ szklanki jasnobrązowego cukru
- 1 sól do smaku

INSTRUKCJE:

Wszystkie składniki wymieszać w ciężkim rondlu ustawionym na umiarkowanym ogniu. Doprowadzić do wrzenia, często mieszając. Gdy mieszanina się zagotuje, natychmiast zdjąć z ognia i zapakować do gorących, wysterylizowanych słoików. Zamknąć próżniowo.

97. Szybki chutney brzoskwiniowy

SKŁADNIKI:

- 2 puszki Segmentowane brzoskwinie w soku; (16 uncji) rezerwa soku
- ¼ szklanki Plus 1 łyżka białego octu winnego
- ¼ szklanki) cukru
- ½ szklanki cebuli; drobno pokrojonej
- 1 małe Jalapeno, pozbawione łodyg i nasion, pokrojone w drobną kostkę
- ½ łyżeczki mielonego kminku
- ¼ łyżeczki kurkumy
- ¼ łyżeczki mielonego cynamonu
- ⅓ szklanki złotych rodzynek

INSTRUKCJE:

a) W średniej wielkości, niealuminiowym rondlu, wymieszaj ocet, cukier, cebulę i papryczki jalapeno. Mieszaj na umiarkowanym ogniu przez 3 minuty.

b) Odsączoną brzoskwinię zmiksuj w robocie kuchennym na grube puree. Dodaj do rondla z ¼ szklanki zarezerwowanego soku brzoskwiniowego, kminkiem, kurkumą, cynamonem i rodzynkami.

c) Doprowadzić do wrzenia, zmniejszyć ogień i gotować przez 20 minut, często mieszając.

d) Przełóż chutney na talerz. Podawaj na ciepło lub w temperaturze pokojowej.

98.Chutney z rabarbaru

SKŁADNIKI:
- 1 funt rabarbaru
- 2 łyżeczki Grubo startego świeżego imbiru
- 2 ząbki czosnku
- 1 chili Jalapeno, (lub więcej) nasion i żyłek Wyjmij
- 1 łyżeczka papryki
- 1 łyżka nasion czarnej gorczycy
- $\frac{1}{4}$ szklanki porzeczek
- 1 szklanka jasnobrązowego cukru
- 1 $\frac{1}{2}$ szklanki jasnego octu

INSTRUKCJE:

Umyj rabarbar i podziel go na kawałki o grubości pół cala. Jeśli łodygi są szerokie, przekrój je najpierw wzdłuż na połówki lub na trzy części. Drobno posiekaj starty imbir z czosnkiem i chili. Wszystkie składniki umieść na niekorozyjnej patelni, przynieś doprowadzić do wrzenia, następnie zmniejszyć ogień i gotować na wolnym ogniu, aż rabarbar się rozpadnie i będzie miał konsystencję dżemu, około 30 minut. Przechowywać w lodówce w szklanym słoju.

99. Chutney z wedzonych jabłek

SKŁADNIKI:

- 4 funty jabłka Granny Smith, obrane i podzielone na segmenty
- 1 duża czerwona lub zielona papryka, pozbawiona nasion i pokrojona w kostkę
- 2 duże żółte cebule, pokrojone w kostkę
- 1 duży ząbek czosnku, posiekany
- 1 2-calowy kawałek świeżego imbiru, cienko podzielony na segmenty
- 2 łyżki nasion gorczycy żółtej
- $\frac{1}{2}$ szklanki octu jabłkowego
- $\frac{1}{4}$ szklanki wody
- 1 szklanka brązowego cukru, zapakowana
- $\frac{3}{4}$ szklanki rodzynek lub prądów

INSTRUKCJE:

Wymieszaj wszystkie składniki w garnku.
Mieszaj. Umieść na górnym stojaku wędzarni. Przykryć wędzarnią i wędzić przez 4 do 5 godzin, od czasu do czasu mieszając chutney. W razie potrzeby dodać więcej wody. Resztki można przechowywać w zamkniętych słoikach w lodówce przez kilka tygodni.

100. Chutney z cukinii

SKŁADNIKI:

- 3 umiarkowane cukinie
- 1 cebula
- $\frac{1}{2}$ łyżeczki Hing
- $\frac{1}{2}$ łyżeczki Tamconu
- 2 zielone chilli

INSTRUKCJE:

Podsmaż pokrojoną cukinię, cebulę i zielone chilli, dodaj kurkumę, sól, gotuj na małym ogniu przez 5 do 10 minut, zagotuj tamcon, dodaj do powyższej mieszanki.
Całość zmiel w mikserze.

WNIOSEK

Dotarliśmy do końca „Opanowanie sosów BBQ: aromatyczny przewodnik po domowych przyprawach". Mamy nadzieję, że ta książka kucharska zainspirowała Cię do odkrycia niesamowitego świata sosów BBQ i eksperymentowania ze smakami, które rozbudzą Twoje podniebienie. Od klasycznych ulubionych potraw po innowacyjne kreacje – oferujemy szeroką gamę przepisów, które zaspokoją każdy gust.

Pamiętaj, że piękno domowych sosów BBQ tkwi w ich wszechstronności. Możesz dowolnie modyfikować składniki i dostosowywać poziom przypraw zgodnie ze swoimi preferencjami. Eksperymentuj z różnymi kombinacjami smaków i pozwól swojej kreatywności zabłysnąć podczas tworzenia własnych, niepowtarzalnych sosów.

Niezależnie od tego, czy posmarujesz nim grillowane mięsa, użyjesz go jako marynaty, czy dodasz do ulubionych przepisów, te sosy dodadzą dodatkowego smaku, który sprawi, że Twoje potrawy będą naprawdę niezapomniane.

Dziękujemy, że dołączyłeś do nas w tej smakowitej podróży. Mamy nadzieję, że „Mastering BBQ Sauces" umożliwiło Ci stworzenie rewelacyjnych przypraw, które umilą Twoje kulinarne przygody i sprawią radość każdemu posiłku. A teraz idź, rozpal grill i delektuj się smakowitością domowych sosów BBQ. Szczęśliwy sos!

www.ingramcontent.com/pod-product-compliance
Lightning Source LLC
Chambersburg PA
CBHW070411120526
44590CB00014B/1345